NOUVEAU

CALENDRIER

DE LA

RÉPUBLIQUE FRANÇAISE,

CONFORME au Décret de la Convention Nationale.

A PARIS,

Chez l'Auteur, rue et Porte Honoré No. 27.

A MES CONCITOYENS.

J'ai fait cette première Édition à la hâte, et je m'y suis renfermé dans le seul objet d'utilité, parce que mes compatriotes ont besoin de jouir du nouveau Calendrier, et ils en ont besoin sur le champ. Une nouvelle Édition est sous presse. Pour celle-là, j'ai pris un peu mieux mon temps; je l'orne d'accessoires, qui, je le crois, me feront approcher du mérite du *double Alnach de Liège*, et je ne désespère pas de supplanter *Mathieu Lansberg*.

Il n'est pas un citoyen à qui le nouveau Calendrier ne soit d'une nécessité indispensable et instante. Pas une missive, pas un acte, pas une affaire, ne peuvent être traités sans faire intervenir la date; et il faut que tout le monde ne se serve plus que de la vraie, de la seule bonne, de la républicaine. La Convention a bien promis d'envoyer le Calendrier aux Corps Administratifs et Autorités Constituées, mais il faut mettre tous les particuliers à portée de se le procurer aussi, et c'est ce que j'ai fait.

J'ai mis en tête le Décret, qui est la meilleure instruction pour donner l'intelligence de la nouvelle organisation de l'année Française.

Ensuite, tout le travail consiste dans un rapprochement, pour tous les jours de l'année entière, de l'ère ancienne avec la nouvelle, de manière qu'à côté de chaque quantième de l'ancien Calendrier, se trouve celui suivant le nouveau; et en connoissant le premier, je fais trouver à côté le second. Exemples: 22 *septembre est le premier jour de la première décade du premier mois*; *premier janvier* 1794 *est le deuxième jour de la deuxième décade du quatrième mois*, etc.

Ce ne peut être qu'à l'aide d'un tel tableau de comparaison qu'on parviendra à se familiariser avec cette nouvelle forme. Quoique ce travail soit fort simple et qu'il ne pouvoit pas coûter à l'imagination, son utilité est telle que je crois qu'on me saura quelque gré de l'avoir produit. Cette attente fait ma récompense.

GRACCHUS BABEUF.

DÉCRET sur la fixation de l'Ere Française, et sur la nouvelle division de l'année. Rendu dans les séances des 4, 5 et 6 du 1er mois de l'an 2 de la République Françoise. (Vieux style, 5, 6 et 7 Octobre 1793.)

La Convention nationale, après avoir entendu son comité d'instruction publique, décrète ce qui suit :

ART. Ier. L'Ere des français compte de la fondation de la République, qui a eu lieu le 22 septembre 1792 de l'Ere vulgaire, jour où le soleil est arrivé à l'équinoxe vrai d'automne, en entrant dans le signe de la balance à 9 heures 18 minutes 30 secondes du matin, pour l'observatoire de Paris.

II. L'Ere vulgaire est abolie pour les usages civils.

III. Le commencement de chaque année est fixé à minuit commençant le jour où tombe l'équinoxe vrai d'automne pour l'observatoire de Paris.

IV. La premiere année de la République française a commencé à minuit le 22 septembre 1792, et a fini à minuit séparant le 21 du 22 septembre 1793.

V. La deuxième année a commencé le 22 septembre 1793, a minuit, l'équinoxe vrai d'automne étant arrivé pour l'observatoire de Paris à 3 heures 7 minutes 19 secondes du soir.

VI. Le décret qui fixoit le commencement de la seconde année au premier janvier est rapporté; tous les acte datés de l'an deuxième de la République, passé dans le courant du premier janvier au 22 septembre exclusivement, sont regardés comme appartenans à la premiere année de la République.

VII. L'année est divisée en douze mois égaux de trente jours chacun, après lesquels suivent cinq jours pour compléter l'année ordinaire, et qui n'appartiennent à aucun mois. Ils sont appelés jours complémentaires.

VIII. Chaque mois est divisé en trois parties égales, de dix jours chacune, et qui sont appelées *décades*, distinguées entre elles par première, seconde et troisième.

IX. Les mois, les jours de la décade, les jours complémentaires, sont désignés par les dénominations ordinales ; premier, second, troisième mois, etc ; premier, second jour de la première, seconde ou troisième décade ; premier second jour complementaires.

X. En mémoire de la révolution, qui après quatre ans a conduit la France au gouvernement républicain, la période bissextile de 4 ans, est appellée *la Franciade*.

Le jour intercalaire qui doit terminer cette période est appelé le jour de *la Révolution*. Ce jour est placé après les cinq complémentaires.

XI. Le jour de minuit à minuit est divisé en dix parties, chaque partie en dix autres, ainsi de suite, jusqu'à la plus petite portion commensurable de la durée. Cet article ne sera de rigueur pour les actes publics, qu'à compter du premier mois de la troisième année de la République.

XII. Le comité d'instruction publique est chargé de faire imprimer en différens formats le nouveau calendrier, avec une instruction simple pour en expliquer les principes et les usages les plus familiers.

XIII. Le nouveau calendrier, ainsi que l'instruction, seront envoyés aux corps administratifs, aux municipalités, aux tribunaux, aux juges de paix et à tous les officiers publics, aux instituteurs et professeurs, aux armées et aux sociétés populaires. Le conseil exécutif provisoire le fera passer aux ministres, consuls et autres agens de France dans les pays étrangers.

XIV. Tous les actes publics sont datés suivant la nouvelle organisation de l'année.

XV. Les professeurs, les instituteurs et institutrices, les pères et mères de famille, et tout ceux qui dirigent l'éducation des enfans de la république, s'empresseront de leur expliquer le nouveau calendrier, conformément à l'instruction qui y est annexée.

Décret additionnel.

La Convention nationale décrète que les pétitionnaires seront admis les 1ers, 5, 10, 15, 20 et 25 de chaque mois. Les procès-verbaux seront datés désormais suivant la nouvelle division des mois. Les députés seront payés au commencement de chaque nouveau mois; les présidens seront nommés les 1ers et 16 de chaque mois.

Second Décret additionnel.

Art. I. Tous les actes publics et particuliers pourront être passés et enregistrés tous les jours de l'année.

II. Les administrations, les tribunaux, les agens et fonctionnaires publics ne pourront prendre de vacances que les 10, 20 et 30 de chaque mois.

III. Le millésime des monnoies, ainsi que celui de la médaille du 10 août, sera conforme au nouveau calendrier.

IV. Le comité de législation est chargé de faire concorder les époques des assemblées fixées par la constitution avec le nouveau calendrier.

V. Les assemblées des sections de Paris sont fixées au cinquième et au dixième jour de chaque décade.

Octobre -ou- Vendemiaire

Septembre 1793.	Ier MOIS Vendemiaire de l'an II de la République française.	
	1re DÉCADE.	
22	1	primidi
23	2	duodi
24	3	tridi
25	4	quartidi
26	5	quintidi
27	6	sextidi
28	7	septidi
29	8	octidi
30	9	nonidi
Octobre 1793.		Decadi
1	10	*Repos* pour les fonc. publics
	2e DÉCADE.	
2	1	primidi
3	2	duodi
4	3	tridi
5	4	quartidi
6	5	quintidi
7	6	sextidi
8	7	septidi
9	8	octidi
10	9	nonidi
11	10	*Repos.* Decadi
	3e DÉCADE.	
12	1	primidi
13	2	duodi
14	3	tridi
15	4	quartidi
16	5	quintidi
17	6	sextidi
18	7	septidi
19	8	octidi
20	9	nonidi
21	10	*Repos.* Decadi

[illegible] ou Brumaire

Octobre 1793.	IIe MOIS de l'an II de la République française.
	1re DÉCADE.
22	1e primidi
23	2 duodi
24	3 tridi
25	4 quartidi
26	5 quintidi
27	6 sextidi
28	7 septidi
29	8 octidi
30	9 nonidi
31	10 Repos. Decadi
Novembre 1793.	
	2e DÉCADE.
1	1e primidi
2	2 duodi
3	3 tridi
4	4 quartidi
5	5 quintidi
6	6 sextidi
7	7 septidi
8	8 octidi
9	9 nonidi
10	10 Repos. Decadi
	3e DÉCADE.
11	1e primidi
12	2 duodi
13	3 tridi
14	4 quartidi
15	5 quintidi
16	6 sextidi
17	7 septidi
18	8 octidi
19	9 nonidi
20	10 Repos. Decadi

Décembre [illegible] Frimaire

Novembre 1793.	IIIe MOIS de l'an II de la République française.
	1re DÉCADE.
21	1 primidi
22	2 duodi
23	3 tridi
24	4 quartidi
25	5 quintidi
26	6 sextidi
27	7 septidi
28	8 octidi
29	9 nonidi
30	10 Repos. Décadi
Décembre 1793.	
	2e DÉCADE.
1	1 primidi
2	2 duodi
3	3 tridi
4	4 quartidi
5	5 quintidi
6	6 sextidi
7	7 septidi
8	8 octidi
9	9 nonidi
10	10 Repo. Décadi
	3e DÉCADE.
11	1 primidi
12	2 duodi
13	3 tridi
14	4 quartidi
15	5 quintidi
16	6 sextidi
17	7 septidi
18	8 octidi
19	9 nonidi
20	10 Repos. Décadi

Janvier ou Nivos

Décembre 1793.	IVe MOIS de l'an II de la République française.
	1re DÉCADE.
21	1 *primidi*
22	2 *duodi*
23	3 *tridi*
24	4 *quartidi*
25	5 *quintidi*
26	6 *sextidi*
27	7 *septidi*
28	8 *octodi*
29	9 *nonodi*
30	10 Repos. *Decadi*
Janvier 1794.	
	2e DÉCADE.
31	1 *primidi*
1	2 *duodi*
2	3 *tridi*
3	4 *quartidi*
4	5 *quintidi*
5	6 *sextidi*
6	7 *septidi*
7	8 *octodi*
8	9 *nonodi*
9	10 Repos. *Decadi*
	3e DÉCADE.
10	1 *primidi*
11	2 *duodi*
12	3 *tridi*
13	4 *quartidi*
14	5 *quintidi*
15	6 *sextidi*
16	7 *septidi*
17	8 *octodi*
18	9 *nonodi*
19	10 Repos. *Decadi*

Février ou Ventos

Janvier 1794.	Ve MOIS de l'an II de la République française.	
	1re DÉCADE.	
20	1	primidi
21	2	duodi
22	3	tridi
23	4	quartidi
24	5	quintidi
25	6	sextidi
26	7	septidi
27	8	octidi
28	9	nonodi
29	10	décadi
	2e DÉCADE.	
30	1	primidi
31	2	duodi
Février 1794.		
1	3	tridi
2	4	quartidi
3	5	quintidi
4	6	sextidi
5	7	septidi
6	8	octidi
7	9	nonodi
8	10	décadi
	3e DÉCADE.	
9	1	primidi
10	2	duodi
11	3	tridi
12	4	quartidi
13	5	quintidi
14	6	sextidi
15	7	septidi
16	8	octidi
17	9	nonodi
18	10	décadi ou repos

Mars ou pluviôse

Février 1794.	VIe MOIS de l'an II de la République française.
	1re DÉCADE.
19	1 primidi
20	2 duodi
21	3 tridi
22	4 quartidi
23	5 quintidi
24	6 sextidi
25	7 septidi
26	8 octidi
27	9 nonodi
28	10 Repos. Decadi
Mars 1794.	
	2e DÉCADE.
1	1 primidi
2	2 duodi
3	3 tridi
4	4 quartidi
5	5 quintidi
6	6 sextidi
7	7 septidi
8	8 octidi
9	9 nonodi
10	10 Repos. Decadi
	3e DÉCADE.
11	1 primidi
12	2 duodi
13	3 tridi
14	4 quartidi
15	5 quintidi
16	6 sextidi
17	7 septidi
18	8 octidi
19	9 nonodi
20	10 Repos. Decadi

Avril ou Germinal

Mars 1794.	VIIe MOIS de l'an II de la République française.
	1re DÉCADE.
21	1 primidi
22	2 duodi
23	3 tridi
24	4 quartidi
25	5 quintidi
26	6 sextidi
27	7 septidi
28	8 octodi
29	9 nonidi
30	10 Repos. Decadi
	2e DÉCADE.
Avril 1794.	
31	1 primidi
1	2 duodi
2	3 tridi
3	4 quartidi
4	5 quintidi
5	6 sextidi
6	7 septidi
7	8 octodi
8	9 nonidi
9	10 Repos. Decadi
	3e DÉCADE.
10	1 primidi
11	2 duodi
12	3 tridi
13	4 quartidi
14	5 quintidi
15	6 sextidi
16	7 septidi
17	8 octidi
18	9 nonidi
19	10 Repos. Décadi

May, ou floréal

Avril 1794.	VIIIe MOIS de l'an II de la République française.
	1re DÉCADE.
20	1 *primidi*
21	2 *duodi*
22	3 *tridi*
23	4 *quartidi*
24	5 *quintidi*
25	6 *sextidi*
26	7 *septidi*
27	8 *octidi*
28	9 *nonodi*
29	10 Repos. *Decadi*
	2e DÉCADE.
Mai 1794.	
30	1 *primidi*
1	2 *duodi*
2	3 *tridi*
3	4 *quartidi*
4	5 *quintidi*
5	6 *sextidi*
6	7 *septidi*
7	8 *octidi*
8	9 *nonodi*
9	10 Repos. *Decadi*
	3e DÉCADE.
10	1 *primidi*
11	2 *duodi*
12	3 *tridi*
13	4 *quartidi*
14	5 *quintidi*
15	6 *sextidi*
16	7 *septidi*
17	8 *octidi*
18	9 *nonodi*
19	10 Repos. *Decadi*

Juin ou Prerial.

Mai 1794.	IXe MOIS de l'an II de la République française.
	1re DÉCADE.
20	1 primidi
21	2 duodi
22	3 tridi
23	4 quartidi
24	5 quintidi
25	6 sextidi
26	7 septidi
27	8 octodi
28	9 nonodi
29	10 Repos. Decadi
	2e DÉCADE.
30	1 primidi
31	2 duodi
Juin 1794.	
1	3 tridi
2	4 quartidi
3	5 quintidi
4	6 sextidi
5	7 septidi
6	8 octodi
7	9 nonodi
8	10 Repos. Decadi
	3e DÉCADE.
9	1 primidi
10	2 duodi
11	3 tridi
12	4 quartidi
13	5 quintidi
14	6 sextidi
15	7 septidi
16	8 octodi
17	9 nonodi
18	10 Repos. Decadi

Juillet ou Messidor

Juin 1794.	Xe MOIS de l'an II de la République française.
	1re DÉCADE.
19	1 primidi
20	2 duodi
21	3 tridi
22	4 quartidi
23	5 quintidi
24	6 sextidi
25	7 septidi
26	8 octodi
27	9 nonodi
28	10 Repos. Decadi
	2e DÉCADE.
29	1 primidi
30	2 duodi
Juillet 1794.	
1	3 tridi
2	4 quartidi
3	5 quintidi
4	6 sextidi
5	7 septidi
6	8 octodi
7	9 nonodi
8	10 Repos. Decadi
	3e DÉCADE.
9	1 primidi
10	2 duodi
11	3 tridi
12	4 quartidi
13	5 quintidi
14	6 sextidi
15	7 septidi
16	8 octodi
17	9 nonodi
18	10 Repos. Decadi

répond au fervidor

Juillet 1794.	XIe MOIS de l'an II de la République française.	
	1re Décade.	
19	1 primidi	
20	2 duodi	
21	3 tridi	
22	4 quartidi	
23	5 quintidi	
24	6 sextidi	
25	7 septidi	
26	8 octidi	
27	9 nonidi	
28	10 Repos.	Decadi
	2e Décade.	
29	1 primidi	
30	2 duodi	
31	3 tridi	
Août 1794.		
1	4 quartidi	
2	5 quintidi	
3	6 sextidi	
4	7 septidi	
5	8 octidi	
6	9 nonidi	
7	10 Repos.	Decadi
	3e Décade.	
8	1 primidi	
9	2 duodi	
10	3 tridi	
11	4 quartidi	
12	5 quintidi	
13	6 sextidi	
14	7 septidi	
15	8 octidi	
16	9 nonidi	
17	10 Repos.	Decadi

Août 1794.	XIIe MOIS de l'an II de la République française.
	1re DÉCADE.
18	1 primidi
19	2 duodi
20	3 tridi
21	4 quartidi
22	5 quintidi
23	6 sextidi
24	7 septidi
25	8 octidi
26	9 nonodi
27	10 Repos. Decadi
	2e DÉCADE.
28	1 primidi
29	2 duodi
30	3 tridi
31	4 quartidi
Septembre 1794.	
1	5 quartidi
2	6 sextidi
3	7 septidi
4	8 octidi
5	9 nonodi
6	10 Repos. Decadi
	3e DÉCADE.
7	1 primidi
8	2 duodi
9	3 tridi
10	4 quartidi
11	5 quintidi
12	6 sextidi
13	7 septidi
14	8 octidi
15	9 nonodi
16	10 Repos. Decadi
	JOURS COMPLÉMENTAIRES.
17	1 les Vertus
18	2 le Genie
19	3 le Travail
20	4 L'opinion
21	5 les recompenses.

Nous prions le lecteur de bien vouloir considérer que les défauts apparents de cette microfiche ne sont dûs qu'à la mauvaise qualité de l'impression originale.

Dépôt légal : 4ème trimestre 1973

NOUVEAU CALENDRIER DE LA RÉPUBLIQUE FRANÇAISE,

CONFORME au Décret de la Convention Nationale.

À PARIS,
Chez l'Auteur, rue et Porte Honoré, N°. 27.

De l'Imprimerie de la SOCIÉTÉ TYPOGRAPHIQUE, rue et Collège des Cholets.

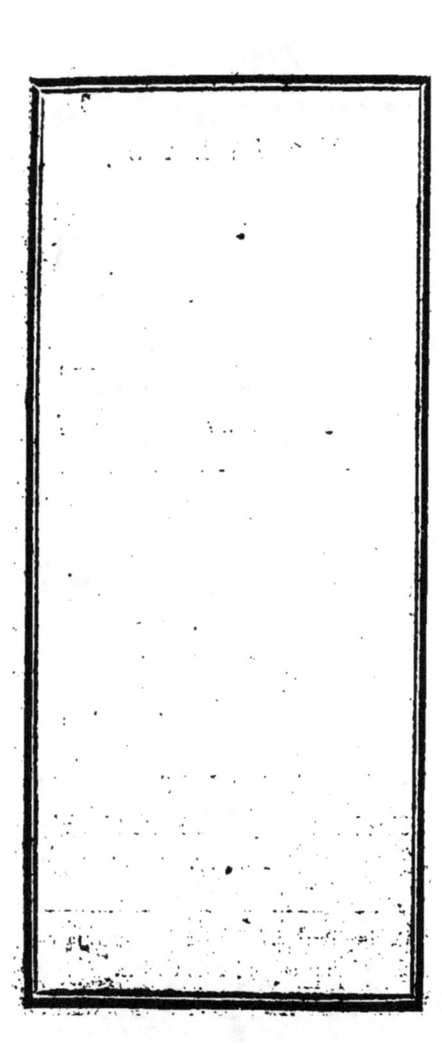

A MES CONCITOYENS.

J'AI fait cette première Édition à la hâte, et je m'y suis renfermé dans le seul objet d'utilité, parce que mes compatriotes ont besoin de jouir du nouveau Calendrier, et ils en ont besoin sur le champ. Une nouvelle Édition est sous presse. Pour celle-là, j'ai pris un peu mieux mon temps; je l'orne d'accessoires, qui, je le crois, me feront approcher du mérite du *double Alnach de Liège*, et je ne désespère pas de supplanter *Mathieu Lansberg.*

Il n'est pas un citoyen à qui le nouveau Calendrier ne soit d'une nécessité indispensable et instante. Pas une missive, pas un acte, pas une affaire, ne peuvent être traités sans faire intervenir la date; et il faut que tout le monde ne se serve plus que de la vraie, de la seule bonne, de la républicaine. La Convention a bien promis d'envoyer le Calendrier aux Corps Administratifs et Autorités Constituées, mais il faut mettre tous les particuliers à portée de se le procurer aussi, et c'est ce que j'ai fait.

J'ai mis en tête le Décret, qui est la meilleure instruction pour donner l'intelligence de la nouvelle organisation de l'année Française.

Ensuite, tout le travail consiste dans un rapprochement, pour tous les jours de l'année entière, de l'ère ancienne avec la nouvelle, de manière qu'à côté de chaque quantième de l'ancien Calendrier, correspond celui suivant le nouveau; et en connoissant le premier, on connoit aussitôt le second. Exemples: *22 septembre est le premier jour de la première décade du premier mois; premier janvier 1794 est le deuxième jour de la deuxième décade du quatrième mois*, etc.

Ce ne peut être qu'à l'aide d'un tel tableau de comparaison qu'on parviendra à se familiariser avec cette nouvelle forme. Quoique ce travail soit fort simple et qu'il ne pouvoit pas coûter à l'imagination, son utilite est telle que je crois qu'on me saura quelque gré de l'avoir produit. Cette attente fait ma récompense.

GRACCHUS BABEUF.

DÉCRET sur la fixation de l'Ere Française, et sur la nouvelle division de l'année. Rendu dans les séances des 4, 5 et 6 du 1er mois de l'an 2 de la République Française. (Vieux style, 5, 6 et 7 Octobre 1793.)

La Convention nationale, après avoir entendu son comité d'instruction publique, décrète ce qui suit :

ART. Ier. L'Ere des français compte de la fondation de la République, qui a eu lieu le 22 septembre 1792 de l'Ere vulgaire, jour où le soleil est arrivé à l'équinoxe vrai d'automne, en entrant dans le signe de la balance à 9 heures 18 minutes 30 secondes du matin, pour l'observatoire de Paris.

II. L'Ere vulgaire est abolie pour les usages civils.

III. Le commencement de chaque année est fixé à minuit commençant le jour où tombe l'équinoxe vrai d'automne pour l'observatoire de Paris.

IV. La première année de la République française a commencé à minuit 22 septembre 1792, et a fini à minuit séparant le 21 du 22 septembre 1793.

V. La deuxième année a commencé le 22 septembre 1793 à minuit, l'équinoxe vrai d'automne étant arrivé pour l'observatoire de Paris à 3 heures 7 minutes 19 secondes du soir.

VI. Le décret qui fixoit le commencement de la seconde année au premier janvier 1793 est rapporté; tous les actes datés l'an 2e de la République, passés dans le courant du premier janvier au 22 septembre exclusivement, sont regardés comme appartenans à la premiere année de la République.

VII. L'année est divisée en douze mois égaux de trente jours chacun, après lesquels suivent cinq jours pour compléter l'année ordinaire, et qui n'appartiennent à aucun mois. Ils sont appelés *jours complémentaires*.

VIII. Chaque mois est divisé en trois parties égales, de dix jours chacune, et qui sont appelées *décades*, distinguées entre elles par premiere, seconde et troisième.

IX. Les mois, les jours de la décade, les jours complémentaires, sont désignés par les dénominations ordinales; premier, second, troisième, etc. mois de l'année; premier, second, troisième, etc. jour de la décade; premier, second, troisième, etc. jour complementaires.

X. En mémoire de la révolution, qui après quatre ans a conduit la France au gouvernement républicain, la période bissextile de 4 ans, est appellée *la Franciade*.

Le jour intercalaire qui doit terminer cette période est appelé le jour de *la Révolution*. Ce jour est placé après les cinq complémentaires.

XI. Le jour de minuit à minuit est divisé en dix parties, chaque partie en dix autres, ainsi de suite, jusqu'à la plus petite portion commensurable de la durée. Cet article ne sera de riguéur pour les actes publics, qu'à compter du premier jour du premier mois de la troisième année de la République.

XII. Le comité d'instruction publique est chargé de faire imprimer en différens formats le nouveau calendrier, avec une instruction simple pour en expliquer les principes et les usages les plus familiers.

XIII. Le nouveau calendrier, ainsi que l'instruction, seront envoyés aux corps administratifs, aux municipalités, aux tribunaux, aux juges de paix et à tous les officiers publics, aux instituteurs et professeurs, aux armées et aux sociétés populaires. Le conseil exécutif provisoire le fera passer aux ministres, consuls et autres agens de France dans les pays étrangers.

XIV. Tous les actes publics sont datés suivant la nouvelle organisation de l'année.

XV. Les professeurs, les instituteurs et institutrices, les pères et mères de famille, et tout ceux qui dirigent l'éducation des enfans de la république, s'empresseront de leur expliquer le nouveau calendrier, conformément à l'instruction qui y est annexée.

XVI. Tout les 4 ans, ou toutes les Franciades, au jour de la révolution, il sera célébré des jeux républicain en mémoire de la révolution française.

Décret additionnel.

La Convention nationale décrète que les pétitionnaires seront admis les 1ers, 5, 10, 15, 20 et 25 de chaque mois. Les procès-verbaux seront datés désormais suivant la nouvelle division des mois. Les députés seront payés au commencement de chaque nouveau mois; les présidens seront nommés les 1ers et 16 de chaque mois.

Second Décret additionnel.

Art. I. Tous les actes publics et particuliers

pourront être passés et enregistrés tous les jours de l'année.

II. Les administrations, les tribunaux, les agens et fonctionnaires publics ne pourront prendre de vacances que les 10, 20 et 30 de chaque mois.

III. Le millésime des monnoies, ainsi que celui de la médaille du 10 août, sera conforme au nouveau calendrier.

IV. Le comité de législation est chargé de faire concorder les époques des assemblées fixées par la constitution avec le nouveau calendrier.

V. Les assemblées des sections de Paris sont fixées au cinquième et au dixième jour de chaque décade.

Septembre 1793.	Ier MOIS de l'an II de la République française.
	1re DÉCADE.
22	1
23	2
24	3
25	4
26	5
27	6
28	7
29	8
30	9
Octobre 1793.	
1	10 *Repos* pour les fonc. publics
	2e DÉCADE.
2	1
3	2
4	3
5	4
6	5
7	6
8	7
9	8
10	9
11	10 *Repos.*
	3e DÉCADE.
12	1
13	2
14	3
15	4
16	5
17	6
18	7
19	8
20	9
21	10 *Repos.*

Octobre 1793.	IIe MOIS de l'an II de la République française.
	1re DÉCADE.
22	1
23	2
24	3
25	4
26	5
27	6
28	7
29	8
30	9
31	10 *Repos.*
Novembre 1793.	
	2e DÉCADE.
1	1
2	2
3	3
4	4
5	5
6	6
7	7
8	8
9	9
10	10 *Repos.*
	3e DÉCADE.
11	1
12	2
13	3
14	4
15	5
16	6
17	7
18	8
19	9
20	10 *Repos.*

Novembre 1793.	IIIe MOIS de l'an II de la République française
	1re DÉCADE.
21	1
22	2
23	3
24	4
25	5
26	6
27	7
28	8
29	9
30	10 *Repos.*
	2e DÉCADE.
Décembre 1793.	
1	1
2	2
3	3
4	4
5	5
6	6
7	7
8	8
9	9
10	10 *Repos.*
	3e DÉCADE.
11	1
12	2
13	3
14	4
15	5
16	6
17	7
18	8
19	9
20	10 *Repos.*

Décembre 1793.	IVe MOIS de l'an II de la République françaife.
	1re DÉCADE.
21	1
22	2
23	3
24	4
25	5
26	6
27	7
28	8
29	9
30	10 *Repos.*
	2e DÉCADE.
31	1
Janvier 1794.	
1	2
2	3
3	4
4	5
5	6
6	7
7	8
8	9
9	10 *Repos.*
	3e DÉCADE.
10	1
11	2
12	3
13	4
14	5
15	6
16	7
17	8
18	9
19	10 *Repos.*

Janvier 1794.	Ve MOIS de l'an II de la République française.
	1re DÉCADE.
20	1
21	2
22	3
23	4
24	5
25	6
26	7
27	8
28	9
29	10 *Repos.*
	2e DÉCADE.
30	1
31	2
Février 1794.	
1	3
2	4
3	5
4	6
5	7
6	8
7	9
8	10 *Repos.*
	3e DÉCADE.
9	1
10	2
11	3
12	4
13	5
14	6
15	7
16	8
17	9
18	10 *Repos.*

Février 1794.	VIe MOIS de l'an II de la République française.
	1re DÉCADE.
19	1
20	2
21	3
22	4
23	5
24	6
25	7
26	8
27	9
28	10 *Repos.*
	2e DÉCADE.
Mars 1794.	
1	1
2	2
3	3
4	4
5	5
6	6
7	7
8	8
9	9
10	10 *Repos.*
	3e DÉCADE.
11	1
12	2
13	3
14	4
15	5
16	6
17	7
18	8
19	9
20	10 *Repos.*

Mars 1794.	VIIe MOIS de l'an II de la République française.
	1re DÉCADE.
21	1
22	2
23	3
24	4
25	5
26	6
27	7
28	8
29	9
30	10 *Repos.*
	2e DÉCADE.
31	1
Avril 1794.	
1	2
2	3
3	4
4	5
5	6
6	7
7	8
8	9
9	10 *Repos.*
	3e DÉCADE.
10	1
11	2
12	3
13	4
14	5
15	6
16	7
17	8
18	9
19	10 *Repos.*

Avril 1794.	VIIIe MOIS de l'an II de la République française.
	1re DÉCADE.
20	1
21	2
22	3
23	4
24	5
25	6
26	7
27	8
28	9
29	10 *Repos.*
	2e DÉCADE.
30	1
Mai 1794.	
1	2
2	3
3	4
4	5
5	6
6	7
7	8
8	9
9	10 *Repos.*
	3e DÉCADE.
10	1
11	2
12	3
13	4
14	5
15	6
16	7
17	8
18	9
19	10 *Repos.*

Mai 1794.	IXe MOIS de l'an II de la République française.
	1re DÉCADE.
20	1
21	2
22	3
23	4
24	5
25	6
26	7
27	8
28	9
29	10 *Repos.*
	2e DÉCADE.
30	1
31	2
Juin 1794.	
1	3
2	4
3	5
4	6
5	7
6	8
7	9
8	10 *Repos.*
	3e DÉCADE.
9	1
10	2
11	3
12	4
13	5
14	6
15	7
16	8
17	9
18	10 *Repos.*

Juin 1794.	Xe MOIS de l'an II de la République française.
	1re Décade.
19	1
20	2
21	3
22	4
23	5
24	6
25	7
26	8
27	9
28	10 *Repos.*
	2e Décade.
29	1
30	2
Juillet 1794.	
1	3
2	4
3	5
4	6
5	7
6	8
7	9
8	10 *Repos.*
	3e Décade.
9	1
10	2
11	3
12	4
13	5
14	6
15	7
16	8
17	9
18	10 *Repos.*

Juillet 1794.	XIe MOIS de l'an II de la République française.
	1re DÉCADE.
19	1
20	2
21	3
22	4
23	5
24	6
25	7
26	8
27	9
28	10 *Repos.*
	2e DÉCADE.
29	1
30	2
31	3
Août 1794.	
1	4
2	5
3	6
4	7
5	8
6	9
7	10 *Repos.*
	3e DÉCADE.
8	1
9	2
10	3
11	4
12	5
13	6
14	7
15	8
16	9
17	10 *Repos.*

Août 1794.	XIIe MOIS de l'an II de la République française.
	1re DÉCADE.
18	1
19	2
20	3
21	4
22	5
23	6
24	7
25	8
26	9
27	10 *Repos.*
	2e DÉCADE.
28	1
29	2
30	3
31	4
Septembre 1794.	
1	5
2	6
3	7
4	8
5	9
6	10 *Repos.*
	3e DÉCADE.
7	1
8	2
9	3
10	4
11	5
12	6
13	7
14	8
15	9
16	10 *Repos.*
	JOURS COMPLÉMENTAIRES.
17	1
18	2
19	3
20	4
21	5

Nous prions le lecteur de bien vouloir considérer que les défauts apparents de cette microfiche ne sont dûs qu'à la mauvaise qualité de l'impression originale.

Dépôt légal : 4ème trimestre 1978

www.ingramcontent.com/pod-product-compliance
Lightning Source LLC
Chambersburg PA
CBHW061126050726
47594CB00005B/2109

* 9 7 8 2 0 1 2 7 8 5 8 2 3 *